Liderazgo

El Libro Definitivo Que Mejora La Comunicación, Influencia Y Administración De Negocios

(Hazte Famoso, Inspira, Lidera, Influye, Persuade Y Comunícate Cómo Líder)

Fulk Rael

Publicado Por Daniel Heath

© **Fulk Rael**

Todos los derechos reservados

Liderazgo: El Libro Definitivo Que Mejora La Comunicación, Influencia Y Administración De Negocios (Hazte Famoso, Inspira, Lidera, Influye, Persuade Y Comunícate Cómo Líder)

ISBN 978-1-989808-30-6

Este documento está orientado a proporcionar información exacta y confiable con respecto al tema y asunto que trata. La publicación se vende con la idea de que el editor no esté obligado a prestar contabilidad, permitida oficialmente, u otros servicios cualificados. Si se necesita asesoramiento, legal o profesional, debería solicitar a una persona con experiencia en la profesión.

Desde una Declaración de Principios aceptada y aprobada tanto por un comité de la American Bar Association (el Colegio de Abogados de Estados Unidos) como por un comité de editores y asociaciones.

No se permite la reproducción, duplicado o transmisión de cualquier parte de este documento en cualquier medio electrónico o formato impreso. Se prohíbe de forma estricta la grabación de esta publicación así como tampoco se permite cualquier almacenamiento de este documento sin permiso escrito del editor. Todos los derechos reservados.

Se establece que la información que contiene este documento es veraz y coherente, ya que cualquier responsabilidad, en términos de falta de atención o de otro tipo, por el uso o abuso de cualquier política, proceso o dirección contenida en este documento será responsabilidad exclusiva y absoluta del lector receptor. Bajo ninguna circunstancia se hará responsable o culpable de forma legal al editor por cualquier reparación, daños o pérdida monetaria debido a la información aquí contenida, ya sea de forma directa o indirectamente.

Los respectivos autores son propietarios de todos los derechos de autor que no están en posesión del editor.

La información aquí contenida se ofrece únicamente con fines informativos y, como tal, es universal. La presentación de la información se realiza sin contrato ni ningún tipo de garantía.

Las marcas registradas utilizadas son sin ningún tipo de consentimiento y la publicación de la marca registrada es sin el permiso o respaldo del propietario de esta. Todas las marcas registradas y demás marcas incluidas en este libro son solo para fines de aclaración y son propiedad de los mismos propietarios, no están afiliadas a este documento.

TABLA DE CONTENIDO

Parte 1 9

Introducción 10

Capítulo 1: ¿Por Qué Necesitamos Liderazgo? 12

TODOS NECESITAMOS A ALGUIEN A QUIEN ADMIRAR. 16
TODOS NECESITAMOS QUE NUESTRO PROPÓSITO SEA MÁS CLARO
PARA NOSOTROS. 18
TODOS DESEAMOS LOGRAR ALGO. 20

Capítulo 2: Habilidades Requeridas Para Ser Un Buen Líder. 21

HONESTIDAD E INTEGRIDAD 22
PENSAMIENTO ORIENTADO A OBJETIVOS. 23
HABILIDADES DE COMUNICACIÓN 25
INSPIRAR A OTROS 28
MOTIVAR A LOS DEMÁS 28
RECONOCER Y ABORDAR LOS PROBLEMAS. 31
ESFUERZOS COLABORATIVOS 32

Capítulo 3: Habilidades Que Un Buen Líder Imparte A Otros. 33

CONFIANZA 34
COMPROMISO 35
CREATIVIDAD 37
ACTITUD POSITIVA 38

Capítulo 4: Cómo Evaluar Tus Habilidades De Liderazgo 39

Capítulo 5: Estilos Que Puedes Adoptar Como Líder. 42

Conclusión 48

Parte 2 50

Introducción 51

Capítulo 1- ¿Qué Es El Liderazgo? 54

LIDERAZGO NO ES POSICIÓN. 56
EMPIEZA DESARROLLANDO EL LIDERAZGO TEMPRANO. 57
DOS IMPORTANTES CUALIDADES QUE TE DISTINGUEN COMO LÍDER. 58

Capítulo 2 – Jerarquía Del Liderazgo. 61

NIVEL 1: SÉ UN SEGUIDOR. 61
NIVEL 2: LIDERA PEQUEÑOS GRUPOS. 63
NIVEL 3: SÉ UN LÍDER ORGANIZATIVO. 65
NIVEL 4: SÉ LÍDER DEL SECTOR. 68

Capítulo 3- Comienza Por Mejorarte A Ti Mismo. 70

1. DESARROLLA LAS APTITUDES ACERTADAS EN TU TRABAJO. 71
2. COMUNICA CÓMO UN LÍDER. 73
3. APRENDE A SABER LO QUE LA GENTE QUIERE. 78
4. APRENDE A DELEGAR. 79
5. APRENDE DE LA COMUNIDAD. 80

Capítulo 4- Crea Confianza Dentro Y Fuera De Tu Organización. 82

1. SE CONSCIENTE DE LA IDEA QUE REPRESENTAS. 83
2. CREE EN TU COMPAÑÍA Y TU CAUSA. 85
3. ENCUENTRA FORMAS DE MEJORAR LAS CAPACIDADES DEL EQUIPO PARA ALCANZAR SUS OBJETIVOS. 87
4. TRATA DE SER COHERENTE EN TU ACTUACIÓN. 89
5. ASUME LAS RESPONSABILIDADES PROPIAS DE UN LÍDER. 90
6. INFLUYE EN LAS PERSONAS QUE TE RODEAN PARA QUE PRODUZCAN MÁS. 93

Capítulo 5- Fortalece Tu Imagen Cómo Líder. 95

1. SEGURIDAD EN TI MISMO. 96
2. MANTÉN SIEMPRE UNA ACTITUD POSITIVA. 98
3. CONFÍA EN LA CREATIVIDAD EL EQUIPO. 99

4. Apuesta Por El Equipo Y El Objetivo..................................101
5. Voluntad Para Tomar Riesgos Meditados. 102

Conclusión 104

Parte 1

Introducción

Todos nosotros tenemos que trabajar en equipo en algún momento de nuestras vidas y es cuando nos involucramos en los esfuerzos del equipo el momento en el liderazgo entra en juego. Un buen líder debe ser capaz de unir al equipo, ser capaz de dirigir a las personas de manera eficaz y guiarlos con éxito hacia el objetivo común que pretenden alcanzar.

La magia de un líder radica en las técnicas y habilidades utilizadas para poder influir en las personas. Aquí es donde entra en juego este libro. A través de los diversos capítulos de este libro, se te recuerda lo que realmente significa ser un gran líder y por qué cada organismo organizativo necesita un buen líder. Luego continúa para resaltar las habilidades y cualidades que se requieren para que una persona sea verdaderamente considerada como un gran líder.

De manera similar, te das cuenta de que parte de ser un gran líder es no solo poseer un determinado conjunto de habilidades, sino también poder impartir ciertas habilidades en los seguidores, que permiten que el líder, los seguidores y la organización funcionen de una manera más cohesiva, para asegurar el éxito continuo. No solo esto, el libro intenta explicar los diferentes estilos que un líder puede adoptar para tener éxito, lo que te permite experimentar con diferentes técnicas amigables con la gente, ¡para que puedas lograr los objetivos que deseas!

Esperamos que este libro sirva como una guía útil.

¡Gracias por comprar este libro!

Capítulo 1: ¿Por qué necesitamos liderazgo?

La pregunta puede parecer muy tonta, pero es importante que comencemos aquí. Esto es para garantizar que obtengamos una comprensión profunda de lo que realmente es el liderazgo. La definición de líder parece muy simplista: es una persona que dirige un grupo de personas o una organización. Sin embargo, es solo en teoría que la definición es simple. Hay tantas capas para ser un líder, que el esfuerzo detrás del proceso a menudo pasa desapercibido.

La mayoría de las personas posee la capacidad de guiarse e ir en una dirección particular, lo que a menudo plantea la cuestión con posibilidad de debate: por qué necesitamos líderes. Puede haber alguna evidencia que indique que el liderazgo gerencial no es necesario, pero las compañías exitosas emplean las jerarquías de liderazgo de todos modos, y son estas vías de líderes las que realmente les permiten tener éxito. Más allá de cierto punto, simplemente se vuelve imposible que las sociedades u organizaciones funcionen sin liderazgo.

Sin embargo, el liderazgo no se refiere simplemente a adjuntar la etiqueta de "líder", "señor" o "jefe" a alguien, va más allá de eso. Ser un líder significa que eres la persona a la que se le llama para poder ofrecer a las personas el apoyo que necesitan en algún momento y poder impulsarlas hacia adelante y al mismo tiempo apoyarlas. Por lo tanto, los líderes actúan como generadores de cambio y causarán que una organización o un equipo trabajen en una dirección, en la que ni siquiera hubieran pensado. Este tipo de líderes son cruciales para el funcionamiento de cualquier sociedad, porque si dichos líderes no estuvieran presentes en el escenario cotidiano, nuestra sociedad no podría desarrollarse ni progresar de la manera que desea.

En el contexto actual, la necesidad de un líder se siente aún más aguda. Esto se debe a que la generación más antigua de líderes está llegando lentamente a ese momento en el que están retrocediendo y entregando los reinados a otras personas. Sin embargo, es necesario asegurarse de que la persona que está asumiendo el control sea igual o incluso más competente. Y ahí radica el reto de la situación. Mucha gente asume que puedes encontrar o hacer líderes, pero ese no es el caso. Para obtener un líder que sea tan efectivo como su contraparte anterior, si no es que más, las organizaciones necesitan capacitar a las personas para que se pongan a la altura. Esta capacitación es una parte crucial del proceso y no se puede omitir.

Sin embargo, la pregunta crucial de por qué necesitamos un líder aún no se responde. Esto no puede responderse de una manera muy simplista, ya que hay muchas razones para esto. A continuación se presenta un resumen de las razones más importantes por las que necesitamos líderes para ser más efectivos o productivos.

Todos necesitamos a alguien a quien admirar.

Este aspecto se inclina hacia las razones ligeramente evolutivas para necesitar liderazgo. El objetivo final para todos los seres humanos es sobrevivir, incluso si tomamos diferentes caminos y usamos diferentes medios para lograr este objetivo. Durante este proceso, descubrimos que no solo necesitamos a alguien para mantenernos seguros, sino también a alguien cuyas acciones podemos observar y aprender de ellos para implementarlos de manera exitosa. La misma lógica puede aplicarse al liderazgo. Aunque en tus días de juventud podrías haber admirado a tus padres o maestros, esto no será suficiente una vez que seas adulto.

Buscarás otro lugar para encontrar la misma sensación de seguridad y aquí es donde entra un líder, lo que te permite sentirte seguro y unido a alguien, al mismo tiempo que te aseguras que se pueden eliminar las posibles amenazas o fuentes de inseguridad.

Todos necesitamos que nuestro propósito sea más claro para nosotros.

Durante mucho tiempo se ha dicho y se ha aceptado ampliamente que los seres humanos tienen un propósito que pretenden alcanzar. Es en la identificación de este propósito en la que se encuentra el verdadero desafío. Podemos seguir haciéndonos muchas preguntas existenciales, pero eso no significa que encontremos la respuesta a ellas como y cuando lo deseemos. Ve la pregunta de propósito en una escala más pequeña y encontrarás que también se aplica a las actividades diarias.

Aquí es donde los líderes nos ayudan a comprender cuál es realmente nuestro propósito, es posible que ni siquiera podamos identificarnos sin la ayuda de un líder eficaz. Los líderes nos ayudan a pensar de una manera más estructurada y afinada, para ayudarnos a comprender lo que se espera de nosotros y lo que nos esforzamos por lograr.

Todos deseamos lograr algo.

Una vez que nos sentimos más seguros acerca de quiénes somos y hacia dónde nos dirigimos, el logro entra en acción; finalmente, sentimos una sensación de paz que nos permite perseguir algún tipo de logro, ya que la motivación para el logro es esencial para nuestro día a día. Los líderes te ayudarán a alinear tus metas y a desarrollarte de una manera que te permita alcanzar estas metas. Esto de dejará sentir una sensación de satisfacción y logro que todo ser humano desea experimentar en su vida.

Capítulo 2: Habilidades requeridas para ser un buen líder.

Ser un gran líder es tanto una ciencia como un arte. Por mucho que nos gustaría asumir que los líderes nacen de esa manera, debe darse cuenta de que hay un cierto elemento de esfuerzo involucrado. Hay ciertas habilidades necesarias que se requieren en una persona antes de que puedan llamarse un buen líder. Esto les permite dar un paso adelante y brillar del resto de los demás. Ve la lista de habilidades que necesitas para ser un gran líder: ¡cuanto más te identifiques en esta lista, mejor!

Honestidad e integridad

Esta es una de las cualidades a menudo desapercibidas pero esenciales para ser un líder. Cuando eres honesto y muestras altos niveles de integridad, estás demostrando a la organización que eres un profesional y tomarás el camino moral. Mostrar estas cualidades significa que harás lo correcto, independientemente de si es fácil, o si serás reconocido o apreciado por ello.

Este simple acto se asegurará de que te ganes la confianza y el respeto de quienes te rodean, lo que aumentará de inmediato tu posición como líder, ya que los líderes necesitan personas que crean en ellos. Aparte, también estásponiendo el ejemplo para los demás sobre cómo pueden comportarse, y cuando tú haces lo mismo, te intentarán seguir y definitivamente aprenderán de ti.

Pensamiento orientado a objetivos.

Ser un gran líder requiere que seas un pensador inteligente, si bien esto puede parecer obvio, significa que no simplemente dejes de ser una persona muy inteligente. Si bien la inteligencia te permitirá pensar críticamente, lo cual es un rasgo necesario en un líder, hay algo más que no puedes olvidar: el líder debe estar enfocado hacia la meta. Esto se puede lograr cuando la mayoría de los pensamientos están orientados hacia el objetivo y no solo hacia el azar. Por lo tanto, pensar, en este caso, se refiere al pensamiento estratégico con un objetivo claro en mente.

Por lo tanto, puedes notar que en tu camino hacia ser un gran líder, la responsabilidad de asumir riesgos estará sobre ti. Puede parecer un poco atemorizante al principio, pero debes retroceder para ver cómo la dirección actual de las acciones coincide con la imagen más amplia que pretendes lograr. Una vez que lo hagas, notarás que la mayoría de las otras cosas comienzan a caer en su lugar. Debes tener en mente ese objetivo mayor al planificar el curso de acción futuro. Esto te permitirá a ti y a quienes están bajo tu mando, perseguir el objetivo de una manera más ingeniosa y planificada, en lugar de verlo inalcanzable. La participación de los seguidores es la clave para poder lograr ese pensamiento orientado a objetivos.

Habilidades de comunicación

Si bien esta parece ser la habilidad más fácil de poseer, la comunicación efectiva es a menudo donde la mayoría de los líderes potenciales salen perdiendo: es un déficit que se observa en varias organizaciones en todo el mundo e impide que muchas personas y empresas logren objetivos diferentes. Parece que en algún lugar a lo largo del proceso, la gente comenzó a dar por sentado las habilidades de comunicación e inició el camino cuesta abajo. Sin embargo, no puedes hacer eso; de hecho, debes asegurarte de que tus habilidades de comunicación estén por encima de su nivel, ya que la efectividad del funcionamiento del equipo también podría depender de la efectividad de tu comunicación.

La regla simple es la siguiente: las personas que están bajo tu mando necesitan que se les diga y explique claramente, cuál es su función y cómo pueden cumplirla de la mejor manera posible. Cuando tus expectativas sobre ellos se ponen en claro, les permite comprender realmente lo que deben hacer para satisfacer estas demandas. Sin embargo, no puedes ser impetuoso o cortante en esto. Como comunicador eficaz, también debes poder abordar otros aspectos esenciales: debes ser cortés, proporcionar información clara y completa y ser lo más conciso posible durante el proceso.

La comunicación interpersonal contribuye en gran medida a ayudar a una organización y, por lo tanto, como líder, también puedes adoptar ciertas formas de comunicación interpersonal en tu organización, si no es que todas. Esto depende del tipo de situación con la que estéstratando, y te permitirá elegir entre comunicación individual o comunicación grupal.

Sin embargo, recuerda:¡parte de ser excelente con las habilidades de comunicación también significa que debes ser un gran escucha!

Inspirar a otros

Necesitas poder inspirar a otros, no solo a través de tus acciones, sino también de tus palabras. Necesitas poder cumplir lo que dices. Una vez que lo hagas y tengas muy en claro el panorama general en tu mente, descubrirás que muchas personas se inspiran en tu comportamiento impulsado por objetivos, aunque respetable, y aspirarán a lograr lo mismo. A veces, a las personas les puede resultar difícil poder imitar este tipo de comportamiento; aquí es donde debes poder intervenir y ayudar. Tu asistencia no solo puede ser un impulso muy necesario para esa persona, sino también para otras personas que podrían utilizar esta instancia como otra fuente de inspiración.

Motivar a los demás

Esto puede sonar similar a la parte sobre inspirar a las personas, pero en realidad no es lo mismo. Muchas personas en las organizaciones pueden descubrir que carecen de la motivación para funcionar al máximo, y aquí es donde, como buen líder, debes intervenir. Los actos simples, como escuchar y ofrecer ayuda, pueden ayudar mucho a motivar a las personas. Las personas tienen algo que las motiva: solo tienes que escuchar atentamente para descubrir qué es, a fin de ayudarlas a lograr lo mismo. Una vez que reconozcas qué motiva a los que están bajo tu mando, podrás utilizar esos factores como incentivos para que tu equipo se desempeñe.

Cuanto más motivado esté tu equipo, más eficazmente podrá trabajar y, por lo tanto, más rápidamente podrá alcanzar el objetivo establecido.

Ten en cuenta que la motivación no va de la mano del miedo: debes asegurarte de que tu equipo no esté haciendo algo simplemente porque tiene "miedo" de las consecuencias. La verdadera motivación va más allá del miedo y los beneficios monetarios: es de naturaleza intrínseca y durará mucho más que las fuentes externas de motivación.

Reconocer y abordar los problemas.

Este es uno de los aspectos importantes de ser un líder. Una vez que asumas un rol de liderazgo, no puedes rehuir a admitir que existe un problema cuando lo hay y debes estar dispuesto a tomar los pasos necesarios y rápidos para resolverlos. No evites las dificultades que puedan surgir: las deficiencias son parte inevitable de cualquier organización. En lugar de ello, asegúrate de reconocer estos problemas lo antes posible, ya que es más efectivo eliminar el problema de inmediato en lugar de dejarlo crecer. Esto generará mucha confianza entre los seguidores, ya que se darán cuenta de que no estás dispuesto a dejar que algunos contratiempos te detengan y están dispuestos a enfrentar los desafíos.

Esfuerzos colaborativos

Necesitas poder trabajar bien en un equipo primero, si quieres ser un líder. Solo entonces podrás realmente comprender los problemas y objetivos comunes. Hacer un esfuerzo de colaboración permitirá que los que están bajo tu mando se sientan más involucrados, y este sentido de participación es crucial para garantizar que las organizaciones funcionen de manera cohesiva. Reconoce las barreras que puedan existir (como la disonancia y la incomodidad) y abórdalas.

Capítulo 3: Habilidades que un buen líder imparte a otros.

Los estudios indican, y el conocimiento común está de acuerdo, que la mejor habilidad que un gran líder puede impartir es enseñar a otros las habilidades de liderazgo esenciales. Sin embargo, estas habilidades no se limitan a las que se enumeran en el capítulo anterior; un gran líder ayuda a otros que están bajo su liderazgo, a convertirse también en líderes. Este capítulo describe aquellas habilidades que se pueden aprender de un líder efectivo.

El liderazgo a menudo se puede aprender a través de la mentoría y capacitación, aunque otros programas formales también ayudan en el proceso. La capacitación en el trabajo es otra forma en que las personas adquieren las habilidades necesarias para el liderazgo; sin embargo, algunas personas necesitan algo más que eso para demostrar ser un líder eficaz.

Confianza

Para ser un líder eficaz, necesitas tener confianza, y esto es lo que el liderazgo capaz de alguien más, puede enseñarte. Cuando veas que un líder con confianza hace que el equipo trabaje en conjunto y que los guíe hacia las decisiones, notarás que el líder requiere confianza no solo en sí mismo, sino también en el grupo de personas que trabajan con él. Es esta calidad de confianza la que le permitirá al líder tomar los riesgos necesarios para lograr el éxito. Para ser realmente un buen líder, debes asegurarte de que no solo tienes confianza en ti mismo, sino también en los demás. Otro aspecto en el que necesitas mantener ese nivel de confianza es en los objetivos de la organización, es decir, debes creer en el objetivo que intentas alcanzar. Es esta creencia la que se transmite a quienes trabajan bajo tu mando y será crucial para el funcionamiento de la organización.

Compromiso

Aun otro aspecto que se convierte en parte integral del funcionamiento de cualquier organización es la cantidad de compromiso demostrado por todos los empleados. Aquí, es el líder el que tiene que dar un ejemplo para demostrar a los que están debajo de él, lo que realmente significa estar comprometido con una organización en particular, para cumplir sus objetivos. Cuando la gente ve a otra persona tan dedicada a la causa, y tan motivada para lograr un objetivo, se dará cuenta de que también quiere poder hacer lo mismo, y por lo tanto, definitivamente aprenderá un sentido de compromiso como ninguna otra cosa. Por lo tanto, para asegurarse de que los individuos bajo el control de un líder estén comprometidos, el líder debe mostrar ese nivel de compromiso. Si el líder no muestra un compromiso con su propia causa, tampoco puede esperar que otros lo hagan, este es un caso importante de liderar con el ejemplo.

Creatividad

Una de las cosas más interesantes que se pueden aprender de un gran líder, o al menos inspirarse en uno, es la creatividad. No hay un manual o reglas que indiquen cómo se puede ser creativo. Por lo tanto, la creatividad se convierte en un producto combinado de la disposición interna de una persona, así como en lo que ven a su alrededor. Un líder que no tiene miedo de probar nuevas estrategias o planes, y no duda en arriesgarse en adoptar un medio diferente para lograr un objetivo en particular, es un líder que muestra a las personas que está bien ser creativo. Esto es algo que es particularmente importante en un mundo que se está volviendo cada vez más uniforme. Un buen líder muestra a sus seguidores que está bien ser creativo y cometer errores en el proceso, siempre que estos sean rectificados en el camino.

Actitud positiva

Asegurarse de que otros puedan sentir una actitud positiva en ti, es un aspecto importante de ser líder y es una de las mejores cosas que una persona puede aprender de un gran líder. Mantener la compostura durante una situación difícil, asegurarse de ver el lado bueno de las cosas y permanecer positivo en general, son todos los rasgos que un gran líder pasará inconscientemente a los demás.

Capítulo 4: Cómo evaluar tus habilidades de liderazgo

Como líder, no es suficiente si eres capaz de evaluar las habilidades de los demás; debes poder ir más allá para evaluarte a ti mismo también. Esto te mostrará cuán efectivo es tu liderazgo y señalará los errores que podrías estar cometiendo para que puedas corregirlos y funcionar de una manera más efectiva y completa. Por lo tanto, una autoevaluación periódica es necesaria para que un líder pueda reconocer las fortalezas, debilidades y posibles áreas de mejora.

Para empezar, también puedes intentar obtener aportes de otros, incluso si se trata de una autoevaluación, no estaría mal saber qué piensan los demás de tus capacidades. Esto significa que obtienes opiniones de quienes se encuentran en posiciones por encima de ti, así como de quienes trabajan por debajo de ti (es decir, supervisores y subordinados). Esto, junto con una autoevaluación honesta, puede ayudarte a comprender las posibles brechas que pueden existir. Además de esto, podría ser útil pedir la opinión de la persona que consideras como tu mentor: tú mismo puedes ser un líder y también puedes admirar a alguien más. Su evaluación honesta también te ayudará a comprender mejor tus habilidades.

Aparte de esto, puedes compararte con otros líderes. Esto no significa que se te permita abatirte. Puedes usar a otros como ejemplo para descubrir qué rasgos son los que más obviamente usan y qué tan exitoso es eso. Cuando comparas esos rasgos con los tuyos, puedes encontrar que estás haciendo algunas cosas mejor, ¡pero definitivamente puedes aprender una o dos cosas del otro líder!

Hay varios formularios de autoevaluación que puedes encontrar y usar para evaluar qué tan bien lo estás haciendo hasta ahora; te proporciona una imagen más clara y funciona de manera muy similar a un análisis FODA. Una vez que comprendas qué aspectos te impiden ser el mejor líder que podrías ser, podrás realizar los cambios necesarios para maximizar el potencial.

Por ejemplo, un ejercicio que puedes seguir, es una lista de todos los rasgos que crees que debería tener un gran líder y luego usar esta lista para decidir si tienes todos estos rasgos, y si te están ayudando a avanzar y ser un mejor líder, o si te están frenando. Para hacer esta lista, puedes usar los rasgos que figuran en este libro y cualquier otro rasgo que se te ocurra. ¡También puedes pedir ayuda a los miembros de tu equipo y preguntar sobre los rasgos que esperaban!

Capítulo 5: Estilos que puedes adoptar como líder.

Hay una variedad de maneras en las que un líder puede optar para dirigir y administrar una organización en particular. Estos modos y estilos generalmente cambian de manera individualista, ya que cada persona aportaría una parte de su personalidad a la tarea. Por lo tanto, observarás que la manera en que una persona lidera puede ser dramáticamente diferente de la forma en que otra persona se ocupa del liderazgo. Por ejemplo, una persona que es muy rígida en su naturaleza, puede mostrar lo mismo en su estilo de liderazgo, que pone énfasis estricto en seguir ciertas reglas y una estructura general, y no permite gran desviación de ella.

Sin embargo, todavía hay algunos patrones generales que pueden observarse, lo que permite la identificación de algunos estilos de liderazgo. Este capítulo intenta delinear estos diferentes estilos de liderazgo y cuándo se utilizan.

El uso de diferentes estilos de liderazgo no depende solo del tipo de liderazgo, sino también de la situación. Las restricciones de la situación pueden requerir que un líder cambie del estilo que usualmente usan, a uno con el que no necesariamente se sienten cómodos, para lograr un objetivo en particular. A veces, el uso del estilo también depende del tipo de equipo que se está obteniendo a través de la forma de liderazgo, si las personas son altamente motivadas y tienen muchos años de experiencia, por ejemplo, permitir que el equipo tome más decisiones que lo habitual puede ser el camino para mantenerlos felices, así como a la organización.

Por lo tanto, un gran líder debe poder cambiar entre diferentes estilos cuando la situación lo requiera, para que puedan cambiar sus estrategias con relevancia para lo que están tratando de lograr.

A continuación se enumeran los diferentes estilos que un líder puede adoptar.

- **Liderazgo autoritario**: en este estilo de liderazgo, el poder para tomar decisiones recae en el líder y en nadie más. El líder no escucha las sugerencias y otras alternativas de las personas que trabajan con él. Si bien este estilo es efectivo en situaciones de crisis de tiempo, en las que se deben tomar decisiones rápidas, no es una opción adecuada para el largo plazo, ya que generalmente conduce a la insatisfacción entre las personas y puede tener un impacto adverso en las relaciones si se practica, a la larga.

- **Liderazgo democrático**: como su nombre lo indica, este es exactamente lo contrario del liderazgo autoritario. Algunas veces, también conocidos como liderazgo participativo, estos estilos de liderazgo permiten compartir el poder de toma de decisiones; ya no es solo del líder, sino que también le da importancia a los miembros del equipo. Por lo tanto, permite que el equipo se sienta valorado, al mismo tiempo que se convierte en un equipo más unido. Esto se debe al hecho de que las personas que participan en el proceso de toma de decisiones tienen más probabilidades de sentirse comprometidas con la causa en la que participan, y podrán asumir la responsabilidad de los resultados.

- **Liderazgo motivador**: este estilo requiere que el líder se involucre con el equipo y otros empleados para comprender el tipo de condiciones bajo las cuales están trabajando y tener una mejor idea de los desafíos que enfrentan y las preocupaciones que puedan tener. Esto permite una mejor comunicación entre el líder y el equipo, y permite que el equipo se sienta involucrado en el proceso de toma de decisiones. El liderazgo motivador también se gana la lealtad de la gente.

- **Liderazgo de rienda libre**: a veces, no es necesario que un líder proporcione un sentido de dirección para el equipo, a pesar de que generalmente se destaca como su objetivo. En lugar de ello, puede permitir que el equipo elija el camino que debe seguirse y el líder no participa en el proceso de toma de decisiones. Como resultado, los subordinados diseñan el camino que adoptarán para alcanzar la meta. Esto trae un sentido de responsabilidad, permite una mayor independencia y mantiene al equipo motivado.

- **Liderazgo transformacional**: el liderazgo transformacional implica dos niveles de funcionamiento. Este estilo requiere que los líderes lo lleven a un nivel diferente, con el fin de lograr objetivos destinados a un bien mayor. Por lo tanto, los miembros del equipo no solo buscan recompensas a corto plazo, sino las consecuencias a largo plazo de sus acciones. Este estilo requiere mucha motivación e impulso por parte del líder. Otro aspecto del liderazgo transformacional que debe tenerse en cuenta es que no se realiza de una sola manera: en este estilo, tanto los líderes como los seguidores se inspiran y motivan entre sí para que ambos puedan alcanzar mayores alturas.

Conclusión

Gracias, una vez más, por comprar este libro. Espero que te haya brindado la información que puedas haber necesitado sobre liderazgo y que te permita utilizar parte de esta información para hacer un cambio en tu vida, así como en la de otros.

Ser un líder es algo que ocurre como resultado de un proceso: requiere semanas, meses e incluso años de arduo trabajo, porque una persona no puede simplemente despertarse una mañana y decidir que va a ser un gran líder. No solo esto, una vez que una persona observa que puede poseer las habilidades necesarias para ser líder, debe trabajar en el perfeccionamiento de estas habilidades para poder utilizarlas mejor. Esta es siempre una mejor alternativa para asumir que el liderazgo es un don natural. Una vez que se dé cuenta de que requiere esfuerzo y está dispuesto a hacer ese esfuerzo, ¡observará que se está convirtiendo en un líder cada vez más eficaz!

Hay varios otros aspectos para ser un líder, que se han descrito en este libro. Un gran líder no solo posee una gran variedad de rasgos en sí mismos, sino que también puede sacar muchos rasgos positivos en otros, que es donde se encuentra su verdadera habilidad. Un verdadero líder crea tantos líderes como seguidores.

Espero que este libro responda a cualquier pregunta que puedas tener, y más.

Parte 2

Introducción

Te quiero agradecer y felicitar por descargar el libro.

Este libro contiene probadas estrategias y actuaciones para desarrollar habilidades como líder.

¿Qué te lleva a ser un líder? Un montón de gente está inmersa en posiciones de liderazgo y desconoce la respuesta a esta pregunta. Un empleado que de pronto es promocionado a un puesto de dirección debe preguntárselo. Por ejemplo, un hombre de negocios introvertido tiene también que preguntarse qué es lo que le llevaría a ser un buen líder cuando intenta motivar a sus empleados a trabajar más duro. La habilidad para responder a esta pregunta y aplicar la respuesta a las situaciones será la base del éxito.

Todos nosotros, en algún momento, necesitamos ser líderes en nuestras vidas. Es importante que todos tratemos de contestar a esta pregunta a nuestra manera. Encontrarás la mayoría de las respuestas que buscas en este libro. El liderazgo como cualquier otro aspecto para mejorar comienza en ti. Una vez que hayas ganado confianza y capacidad en tus habilidades directivas, el paso siguiente es usar esas directrices para influir en otra gente. Si aplicas las sugerencias de este libro, aprenderás lo que supone convertirse en líder. Entonces podrás utilizarlo en tu vida y carrera profesional.

Gracias de nuevo por descargar este libro, ¡espero que lo disfrutes!

Capítulo 1- ¿Qué es el liderazgo?

El liderazgo no es solo una habilidad. Es una combinación de aptitudes sociales y directivas. Es la capacidad de crear un equipo que alcance los objetivos que sin el líder no serían posibles. La historia está repleta de historias de grandes hombres y mujeres que empujaron a otros a realizar metas casi imposibles. Un denominador común en estas historias es que el líder fue capaz de de unirlos para trabajar juntos en un objetivo común.

Los líderes tienen influencia sobre otra gente y la utilizan para empujarlos a trabajar unidos. Sin el líder, la gente trabajaría por separado para conseguir sus metas. El jefe les muestra que pueden alcanzar su objetivos más rápido si actúan en grupo.

Liderazgo no es posición.

No deberías tomar la posición social de una persona como evidencia de que es un buen líder. Los auténticos líderes no necesitan un titulo para hacer su trabajo. Adquieren funciones directivas incluso si no se les exige por la organización. Saben que sus habilidades pueden ayudar a la gente que los rodea y las usan cuando es preciso.

Empieza desarrollando el liderazgo temprano.

Comienza a desarrollar tus habilidades de liderazgo incluso cuando aún no te encuentras en la posición de líder. Este es el mejor momento para aprender porque no tendrás presión para cumplir objetivos. No obstante, si tienes éxito, la gente empezará a darse cuenta de que tienes excelentes cualidades para liderar. Si eres un empleado, esto incrementará tus posibilidades de promoción. Si diriges tu propio negocio, tus habilidades atraerán a los empleados más destacados para trabajar a tu lado.

Dos importantes cualidades que te distinguen como líder.

En este punto, necesitas pensar que estás siendo observado. Precisas que todos los retos los tomes como *test*. Si los superas con holgura la gente se dará cuenta y comenzará a confiar en tus habilidades como líder.

Para pasar estas pruebas, necesitas tener las siguientes cualidades:

1. Características positivas evidentes.

Antes de influenciar a la gente, necesitas ganar su confianza. Solo puedes hacerlo si muestras con frecuencia cualidades que tienen efectos positivos en el grupo. Primero, debes dar una buena impresión con un aspecto atrayente. Después, necesitas copiar algunos rasgos positivos de los líderes que admires. La mejor manera de aprender liderazgo es mimetizando las virtudes de líderes famosos.

En segundo lugar, deberías informarte sobre la gente a la que quieres liderar, para saber las características que buscan en un líder. Para entenderlos mejor, debes conocer su lengua y su cultura.

Tercero, también necesitas probar que tienes las habilidades intelectuales y sociales necesarias para ser líder. Demuestra que sigues estándares éticos en el medio y que eres una persona de confianza. Si tienes buena reputación la gente confiará en ti.

2. Ser un triunfador.

Si haces todo lo sugerido con anterioridad será más fácil para ti ganar la confianza de tus seguidores. No obstante, la verdadera prueba de tus habilidades como líder llega cuando hay posibilidades de alcanzar metas. Cualquiera puede ser un candidato probable cuando no hay presión para alcanzar objetivos.

Para crear los robustos pilares de tu liderazgo necesitas brillar cuando tienes oportunidad. Puedes hacerlo dirigiendo gente, emociones y recursos disponibles para alcanzar la meta común.

Capítulo 2 – Jerarquía del liderazgo.

Hay diferentes niveles de liderazgo que se basan el número de personas que lideras. Empieza por el primer nivel:

Nivel 1: Sé un seguidor.

Al principio, nadie se considera un líder. Sigues a otro líder, igual que cualquier otra persona. Ahí, es donde comienzas a desarrollar tus habilidades.

En este nivel, aprendes cómo estudiar a la gente y como influirlos en base a ese análisis. También aprendes cómo se desenvuelve el grupo en este paso. La mayoría de la gente no descubre cómo funciona su entorno de trabajo. Para aprender, necesitas observar a la gente que te rodea. Para llegar a ser un líder excelente necesitas conocer las motivaciones de las personas más allá de sus actos. Si sabes lo que motiva a la gente que hay a tu alrededor será fácil influenciarlos trabajando juntos.

Nivel 2: Lidera pequeños grupos.

En esta etapa, empiezas a usar tu conocimiento y lo aplicas en el desarrollo de aptitudes como líder. Intenta diferentes estrategias para influenciar a la gente. Quédate con las que funcionan y aprende de aquellas que no sirven.

Prueba estas tácticas mientras lideras grupos pequeños. Al principio de tu carrera profesional tu objetivo es ganar experiencia en ese ámbito. Los que te rodean nunca te verán cómo líder hasta que demuestres tu competencia.

Necesitarás una serie de proyectos victoriosos antes de que la gente empiece a valorarte. Una vez que lo hagan, puedes ser promocionado a puestos de alta responsabilidad.

Nivel 3: Sé un líder organizativo.

En este punto, la gente que te rodea ha empezado a darse cuenta de que posees excelentes capacidades de liderazgo. Puedes estar en un puesto directivo en tu grupo. Se te pueden dar grandes proyectos con más personas implicadas.

Los líderes organizativos tienen más responsabilidad. No obstante, los directivos en este grupo son gratificados estupendamente por sus triunfos. Este es el nivel en el que la mayoría pasa una gran parte de su vida. Si eres un empleado, este es el escalón donde trepas en la escala corporativa. Si regentas tu propio negocio, este es el nivel donde tu negocio crece bajo tu dirección.

En las etapas tempranas de ser un líder organizativo, muy poco gente conoce tus aptitudes de liderazgo. Solo influyes sobre la gente que ha trabajado contigo en el pasado. Si tienes la oportunidad, puedes que quieras a esa gente contigo en tus nuevos proyectos.

A medida que vas subiendo posiciones te prestarán más atención. La gente que oye hablar de tu ascenso preguntará acerca de ti. A través del boca a boca, tu reputación será conocida en la organización.

Cuando sucede, puedes influir en más gente. No obstante, al recaer más atención sobre ti, tus actos serán analizados con detalle por tus compañeros. El éxito incrementará tu reputación cómo líder. Sin embargo, un error puede arruinar todo el esfuerzo y resultados obtenidos en tu trabajo. En palabras de una de las personas más reconocidas cómo líder empresarial, Warren Buffet «Lleva veinte años crear una reputación, y cinco minutos destruirla. Si lo piensas, harás las cosas de una forma diferente».

Nivel 4: Sé líder del sector.

Tras años de trabajo duro, éxitos y fracasos, puedes llegar a ser considerado un líder sectorial. Siempre están aprendiendo. Nunca están satisfechos con sus aptitudes. Comienzan proyectos que no solo afectan a sus compañías sino a todo el ramo. Algunos incluso son reconocidos fuera de su ámbito.

Solo conseguirás este nivel si nunca abandonas el aprendizaje y el alcance de metas elevadas. La gente fuera de tu entorno se dará cuenta de tus habilidades para dirigir. Se investigará sobre ti por tu persistencia en trabajar duro y alcanzar retos difíciles. Cuando estás en este punto, la gente escuchará todo lo que digas.

Warren Buffet es un ejemplo del líder del sector. Ha desarrollado sus competencias en invertir dinero. Cuando habla de inversión, todo el mundo se detiene y escucha.

Puedes creer que nació con esas habilidades para liderar. Pero, no. Él comenzó igual que tú o que yo. Con los años, demostró su valía en su empresa y su sector. Nunca dejo de aprender. La mayoría de la gente de su edad ya está retirada. Con 85 años todavía está al frente de su compañía.

Capítulo 3- Comienza por mejorarte a ti mismo.

Si quieres ser un hombre de negocios eficaz y subir en la jerarquía del liderazgo comentada en el capítulo anterior, necesitas empezar por mejorar. Aquí relato las características en las que tienes que trabajar:

1. Desarrolla las aptitudes acertadas en tu trabajo.

Comienza por adoptar todas habilidades que tu trabajo precisa. Tu objetivo es llegar a ser un experto en el sector elegido. Necesitas aprender las aptitudes fundamentales en tu sector. Cuando controles las más importantes, puedes empezar a implementar tu conocimiento.

Los grandes líderes no son buenos en todo. No obstante, sus seguidores reconocen que son buenos en algo. Warren Buffet, por ejemplo, es un líder en el área de la inversión. Reconoce que no es un experto en todo tipo de inversión y necesita estudiarla para poder tomar la mejor decisión. En sus propias palabras, permanece dentro de su «círculo de competencia», la que ha pasado décadas desarrollando.

En vez de dominar todas las capacidades relacionadas con la inversión, Warren Buffet insiste en centrarse en el círculo de competencia. Este es el área del saber en que eres experto. A medida que avanzas en tu campo a través de experiencia y estudio, puedes de un modo fácil ampliar ese espacio.

2. Comunica cómo un líder.

Los grandes líderes son fantásticos comunicadores. Todas tus ideas no importan sino sabes cómo comunicar de una forma efectiva con tus seguidores. Hay varios tipos de comunicación que un líder debe manejar:

En primer lugar, necesitas desarrollar la capacidad de hablar para multitudes. La mayoría de la gente teme hablar para grandes grupos. Si desarrollas esta habilidad, tendrás una ventaja sobre la competencia en las posiciones de liderazgo. Te detallo el proceso que debes seguir sobre cómo hablar a mucha gente:

1. Para hablar con el grupo identifica tus objetivos.

Siempre que se habla con un grupo hay que tener un objetivo. Cuando reúnes a gente para escucharte estás usando su valioso tiempo. Sin un objetivo claro el encuentro estará a la deriva. La gente desperdiciará su tiempo hablando de temas irrelevantes.

2. Crea un mensaje que cumpla tus objetivos.

Si no estás acostumbrado a hablar con grupos necesitas preparar tu mensaje y practicar primero de hacerlo llegar a tu audiencia.

Esto aumentará tus posibilidades de dar un mensaje fiable.

3. Escribe tu mensaje y practica delante del espejo.

Hablar delante del espejo ayuda a practicar los gestos, expresiones faciales y otros signos no verbales. Los principiantes descuidan con frecuencia estos pequeños detalles, pero son más importantes incluso que la voz.

4. Ensaya enfrente de gente que confíes.

Antes de emitir tu mensaje ante una multitud debes practicar ante una pequeña audiencia. Esto te permite llegar a acostumbrarte a hablar en alto ante el público. Puedes ajustar tu discurso en base a sus gestos.

Ensayar ante un grupo pequeño también te permite probar la efectividad de tu mensaje para ver si cumple con tus objetivos. Tus oyentes pueden darte recomendaciones acerca de cómo mejorar tu mensaje.

5. Redefine tu mensaje de acuerdo a su *feeedback*.

Antes de hablar necesitas pulir el mensaje partiendo de lo que has aprendido de la práctica. Necesitas perfeccionar no solo el contenido sino la manera en que lo vas a emitir. Debes prestar atención a tu voz y al lenguaje no verbal.

6. Entrega tu mensaje a su destinatario.

Si estás satisfecho con tu mensaje debes volcarlo a la audiencia. No serás un orador experto en tu primer intento. Sin embargo, de acuerdo a la efectividad de tu mensaje puedes logar tus objetivos.

Aprovecha cada oportunidad de hablar ante un grupo. Si practicas este ritual con frecuencia podrás superar el miedo a hablar ante la multitud. Parecerá tan natural como hablar con una persona.

3. Aprende a saber lo que la gente quiere.

Como líder debes observar constantemente a la gente que diriges. Hazlo para saber las motivaciones y desmotivaciones. Cuando ves a la gente de tu organización que trabajan duro, por ejemplo, intenta averiguar que les motiva. Cuando ellos están desmotivados, obsérvalos con cuidado y trata de saber las razones.

Hay ocasiones en las que preguntar de manera directa a la gente acerca de sus motivaciones no es la mejor estrategia. Tendrás que realizar tus propias averiguaciones para descubrir las causas de esas insatisfacciones. Así, tus seguidores no sabrán que estás influenciándolos para trabajar más.Conocer los motivos que hacen a la gente trabajar duro te permitirá mejorar su rendimiento cuando sea necesario.

4. Aprende a delegar.

A continuación, aprende a delegar tareas importantes en otras personas. Como líder tu tiempo y energía es más importante que la de otra gente. Estate seguro de que solo las gastas en cuestiones cruciales.

Es aconsejable delegar funciones que otros miembros del grupo pueden realizar con efectividad. Cuando delegas necesitar tener en cuenta la siguiente guía:

1. Ten la seguridad de que la persona

en quien delegas puede realizar bien el trabajo.

2. Comprueba que él o ella tiene el tiempo suficiente para realizar las tareas.

3. Evita supervisar sus cometidos. Permite que los miembros del grupo trabajen en el asunto con independencia.

4. Antes de comenzar marca con claridad los objetivos.

5. Aprende de la comunidad.

Un líder eficaz tiene relaciones útiles en su sector. Si quieres mejorar como líder necesitas conocer gente influyente.

Hay ocasiones en que los problemas de tu equipo solo pueden ser resueltos desde fuera. Necesitas relacionarte con aquellos que pueden ayudar a tu organización.

Debes ser activo en construir está red de contactos. A medida que eres más conocido cómo líder conocerás otros referentes en tu sector. Puedes conocerlos por casualidad o porque hagas negocios con ellos y te han buscado.

Para acelerar el proceso de conexiones necesitas identificar a las personas que pueden serte útiles en un futuro. Empieza por entablar relaciones con ellos ofreciéndoles tu ayuda si la necesitan. De este modo, podrán devolverte el favor cuando tú o tu equipo lo precisen.

Capítulo 4- Crea confianza dentro y fuera de tu organización.

La confianza reforzará tu imagen cómo líder. Mejora tu reputación y estate seguro de mostrar tu seguridad a tu equipo y a tus superiores. Si tus jefes piensan que pueden confiar en ti es más probable que te den puestos de responsabilidad. Basarán sus decisiones en tu fama. Si aparentas ser mala persona nadie creerá que tienes las cualidades necesarias para ser líder.

Estos son los factores que precisas para

ganarte una buena reputación:

1. Se consciente de la idea que representas.

Los grandes líderes representan una idea de la que emerge su carisma. El presidente Barrak Obama, por ejemplo, representaba la idea del cambio en su camino a la presidencia. Los americanos querían cambios en ese momento. Winston Churchill representaba la tenacidad y resistencia de los ingleses. Esas eran las cualidades que los británicos necesitaban de su líder cuando eran de forma incesante bombardeados por los nazis.

Necesitas creer en que representas a la gente que lideras. Incorpora esa ida en tu apariencia,mensajes, en la forma en que hablas e incluso en tus actos. Si la gente ve perseverancia en la idea que representas, en tus actos y apariencia es más probable que confíen en ti.

La gente de negocios con frecuencia se convierte en la cara visible de su empresa. Richard Branson, el fundador de Virginia Group, ha sido la imagen del negocio por más de treinta años. La imagen de su compañía se basa en la suya propia lo que no deja de resultar gracioso.

Si llegas a ser un líder famoso, tu imagen, tu reputación, la idea que encarnas se contagia en la compañía que lideras. Es importante a toda costa proyectar esa idea. Incluso cuando empiezas, es preciso tener un expediente limpio. Cualquier error que contamine tu imagen se volverá contra ti y la competencia lo utilizará para destruir tu reputación.

2. Cree en tu compañía y tu causa.

Los líderes de grandes empresas tienen una creencia ciega en la organización que representan. Si no confías en la compañía en la que trabajas, en su visión, será difícil influenciar en otros para que trabajen duro.

Si ahora no crees con tesón en la compañía que representas necesitas aprender algo. Empieza por aprender como los servicios o productos de la compañía ayudan a la gente. Averigua su función y sus estrategias. Toma nota acerca de los líderes de la organización. Mira entrevistas en internet. Escúchalos hablar de la organización, así sabrás porqué les apasiona la misma. Aprenderás de sus proyectos futuros para la compañía. Otro dato importante, es que puedes descubrir con su ejemplo enseñanzas sobre liderazgo. A medida que los observas, podrás aprender de su estilo directivo y eso puedes aplicarlo después a la gente que lideras.

Una vez que sepas la valía que posee la organización para el público en general, tendrás razones más poderosas para creer y confiar en su misión. Para mostrar a tus seguidores que crees en la compañía, necesitas transmitir entusiasmo acerca de la forma en que trabajas y comunicas. Explica a tu entorno laboral porqué tus actividades son importantes. Cuando tu organización sea atacada, defiéndela.

Mostrar lealtad es otra manera de demostrar que crees en tu organización. Cuando eres fiel a la misma, evidencias que la compañía te valora y que tiene en consideración tu dedicación. Sabrás si tu lealtad será recompensada observando a otros que han sido leales a tu organización. Me refiero a la gente que ha dedicado tiempo y esfuerzo trabajando en ella.

3. *Encuentra formas de mejorar las capacidades del equipo para alcanzar sus*

objetivos.

Ahora que sabes cuales son las metas de tu organización, tienes que contribuir a alcanzar las mismas mostrando tus ideas y de qué modo el grupo puede lograrlas. Puedes ascender más rápido si sugieres buenas estrategias para que el grupo consiga resultados.

No tienes que inventar estrategias. Puedes investigar cómo otras compañías alcanzan metas similares. Entonces, puedes perfeccionar sus métodos y aplicarlos a tu equipo. Después de averiguar formas de mejorar el rendimiento de tu equipo, deberías crear un plan para aplicarlas.

Continúa aprendiendo en relación a tu sector para que siempre tengas ideas nuevas que poner en práctica.

Los lideres brillantes se consideran a sí mismos estudiantes del sector en que trabajan. No tienen miedo a lo nuevo. En lugar de quedarse parados, tratan de buscar áreas de innovación para alcanzar las metas preestablecidas lo más rápido posible.

4. Trata de ser coherente en tu actuación.

Ahora que has demostrado que crees en la organización para la que trabajas, el siguiente paso es ser coherente a la hora de ayudar a la organización a alcanzar sus objetivos. La capacidad es una de las más importantes cualidades de un líder. Tus partidarios solo te seguirán si ven que tienes las aptitudes necesariaspara llevarlos al lugar adecuado.

Te juzgarán de acuerdo a la manera en que te desenvuelves en momentos cruciales para alcanzar objetivos. También, te valorarán de acuerdo a cómo reacciones en momentos estresantes. De entre los miembros de la compañía, aquellos que con frecuencia realizan tareas y son inmunes a la presión, son los primeros que se tienen en cuenta para las tareas de liderazgo.

5. *Asume las responsabilidades propias de un líder.*

Para realizar actividades de liderazgo, no esperes a que te den un puesto directivo.

Una vez que tengas confianza para actuar como líder, deberás empezar por influenciar a tu equipo.

Cada vez que te des cuenta de que se necesita a un líder tienes que tomar el mando. Deberás estar constantemente buscando esas oportunidades. Puedes encontrarlas cuando el grupo del que formas parte busca unas metas y no hay un mando claro. A veces, incluso si hay un líder asignado, debes dar un paso más.

Es frecuente que gente que no posee claras aptitudes de liderazgo ocupe estas posiciones. Si alguna de esaspersonas es nombrada líder del grupo, tarde o temprano mostrará su incompetencia. Puede abandonar su puesto de control si el equipo necesita que se implique más.

Cuando aparecen estos problemas, debes buscar la manera de ayudar al grupo. Esto es lo que un autentico líder haría. Si el líder asignado no está presente durante los momentos cruciales del proyecto, por ejemplo, deberías hacerlo saber a tus superiores y proponerlestomar el control, para sacar adelante el programa.

También, habrá ocasiones en que el líder elegido muestre dificultades para motivar a la gente. Esto suele ocurrir cuando hay un abismo entre el jefe y sus adeptos. Sí este es el caso, debes estimularlos.

Plantéale al líder prefijado si puedes hablar con el grupo.

Tomando responsabilidades directivas, tus superiores se fijarán en ti y serás una de las primeras personas a quien buscaran cuando necesiten cubrir una vacante. Lo expuesto, te dará la oportunidad de poner en práctica tus habilidades sin la presión de estar al mando.

6. Influye en las personas que te rodean para que produzcan más.

Incluso cuando no hay metas inmediatas que alcanzar, deberías buscar oportunidades para actuar. Una forma de hacerlo es motivando a la gente que te rodea a trabajar más duro. Para lograrlo, necesitas conocer a la gente que trabaja contigo. La mayoría de los líderes cometen el error de poner una barrera entre ellos y su equipo de trabajo. Esperan que los obedezcan sin rechistar. No tiene en cuenta el factor humano.

Debes evitar este comportamiento. Cuando no estás cerca de tu gente, no tienes ni idea de sus retos. Como líder empresarial, debes ser el puente de conexión entre los que lideras y la organización para la que trabajas. La mayoría de las empresas priorizan las cifras finales del negocio. Presionarán a sus empleados a trabajar muy duro sin tener en cuenta sus circunstancias. Para llegar a ser un líder eficaz, necesitas conocer a tu gente, solo así sabrás exactamente como estimularlos a trabajar más.

Capítulo 5- Fortalece tu imagen cómo líder.

Usando los consejos del capítulo anterior puedes ganar la confianza de tus seguidores. El próximo paso es: continuar trabajando para fortalecer tu imagen de liderazgo.

Para ello, tienes que mostrar las habilidades siguientes:

1. Seguridad en ti mismo.

Hasta aquí, este libro te ha dado las pautas para mejorar como persona y como líder. Estas mejoras te traerán éxito personal y profesional. A medida que triunfas en varias áreas de tu vida, empezarás a tener seguridad en tu trabajo, en tu negocio y en tus habilidades de dirección.

Aparte de tus aptitudes, deberás mostrar confianza en las personas que trabajan contigo y en la organización a la que representas. Puedes mostrarlo mediante tu forma de hablar o a través de tus actos. Para demostrar que confías en la gente que lideras, por ejemplo, deberías delegar algunas tareas en ellos.

Una vez que estés seguro de ti mismo,

necesitas mantenerlo, cueste lo que cueste. La mejor manera de conservar esa confianza es manteniendo una mentalidad positiva. La gente que no confía en sí misma y en los que lo rodean, tiende a echar la culpa a otros cuando llegan los problemas.

Para demostrar que tienes seguridad a la hora de afrontar las dificultades, deberás buscar de inmediato soluciones cuando ves algo que no encaja. No pierdas el tiempo echando la culpa a los demás. Si actúas con rapidez, demostrarás a tu equipo que eres capaz de resolver situaciones difíciles.

2. Mantén siempre una actitud positiva.

Tener una mentalidad abierta implica una actitud positiva. Necesitarás esa positividad cuando trates de afrontar tareas complicadas y extensas.

Cuando un líder demuestra una actitud negativa, la negatividad afecta a su equipo, a su trabajo, a su ética y a su motivación. Muestra que eres comprensivo con la gente que está contigo. Puedes hacerlo cuando te diriges a tus empleados. Las personas positivas nunca reaccionan con rabia. Esperan a que pase el mal momento para comunicar con su gente. Otro truco es sonreír antes de hablar. Tanto en persona como por teléfono, estos consejos sencillos son fantásticos a la hora de demostrar una actitud positiva.

Si mantienes una actitud optimista, tu equipo estará animado mientras persigue los objetivos marcados. Si los miembros del grupo están de buen humor, los resultados serán mejores.

3. Confía en la creatividad el equipo.

Como he mencionado anteriormente en el libro, necesitas aprender de forma constante para tener siempre algo nuevo que enseñar a tu grupo. Esta actitud te será útil cuando los problemas que enfrentas como líder precisen de ingenio.

Cuando resuelves estas dificultades, puedes fortalecer tu imagen de líder teniendo en consideración otras ideas.

Esto demostrará que confías en la gente que trabaja contigo. De este modo, minimizas la creencia de que solo tú haces bien las cosas. Arengas a cada miembro a pensar en soluciones para los retos conjuntos.

Si tu equipo se acostumbra a solventar las dificultades, tendrán iniciativa para resolver posibles obstáculos futuros. Te darán a conocer los problemas solo cuando los hayan resuelto.

4. Apuesta por el equipo y el objetivo.

También puedes fortalecer tu imagen de liderazgo mostrando compromiso con tus seguidores y las metas que tratáis de alcanzar. Lo puedes demostrar siendo consistente en tus actos. Cuando llegas a ser un líder en tu sector, puedes influir a otros para seguirte. Las nuevas generaciones que te admiran pueden decidir realizar el mismo trabajo o postularse en tu compañía.

Lo harán porque has demostrado dedicación en tu área, en tu organización y con la gente que trabajas. Si fallas a cualquiera de ellos, las personas que te admiran también abandonarán el camino tomado. Cómo líder, tienes el poder de influenciar en la gente. Tu influjo no solo es para lo bueno sino que también puede funcionar para lo negativo. Los influyes no solo con tus buenas acciones también lo haces con tu mala actitud.

Tu falta de compromiso afectará a los miembros de tu equipo. Si muestras carencia de entusiasmo en tu trabajo, tu equipo puede deducir que no estás dispuesto a alcanzar la meta fijada. Esto afectará por tanto a su fervor hacia los objetivos del grupo.

5. Voluntad para tomar riesgos meditados.

Hay momentos en que necesitas confiar en tu intuición para tomar decisiones de liderazgo. Aunque deberías intentar ser objetivo en la toma de decisiones no deberías mostrar temor cuando hay que afrontar riesgos. Esta es una cualidad relevante para un líder empresarial. Aquellos que sienten temor a arriesgarse limitan la posibilidad de crecimiento de las empresas que dirigen.

Incluso cuando no tengas miedo a tomar riesgos, necesitas valorar los pros y contras de tu decisión. Arriésgate solo cuando el fin justifique los medios. Practica tomando riesgos calculados en tu carrera profesional para estar listo cuando las cosas se pongan difíciles. Como declara Tony Robbins, la mejor manera de tomar buenas decisiones es tomando muchas.

Conclusión

¡Gracias de nuevo por descargar este libro!

Espero que te ayude a encontrar todo lo que se necesitas para ser un líder.

Aplica los consejos y estrategias que aprendiste en este libro en tu carrera profesional. Entonces, deberías buscar oportunidades de liderar en tu trabajo. Utiliza estas ocasiones para practicar tus aptitudes. A media que vayas aprendiendo sobre la humanidad y ganes más experiencia, sin duda, mejorará tu habilidad para liderar grupos pequeños y grandes.

Gracias. ¡Buena suerte!

www.ingramcontent.com/pod-product-compliance
Lightning Source LLC
Chambersburg PA
CBHW071905070526
44583CB00016B/1852